I0701647

SANGLOTS D'UN CŒUR DÉCHIRÉ

Copyright © 2024 par Kineberly Pierre Jules.

Tous droits réservés. Aucune partie de ce recueil de poèmes ne peut être reproduite, distribuée ou transmise sous quelque forme ou par quelque moyen que ce soit sans l'autorisation préalable de l'auteur, sauf dans les cas prévus par la loi sur le droit d'auteur.

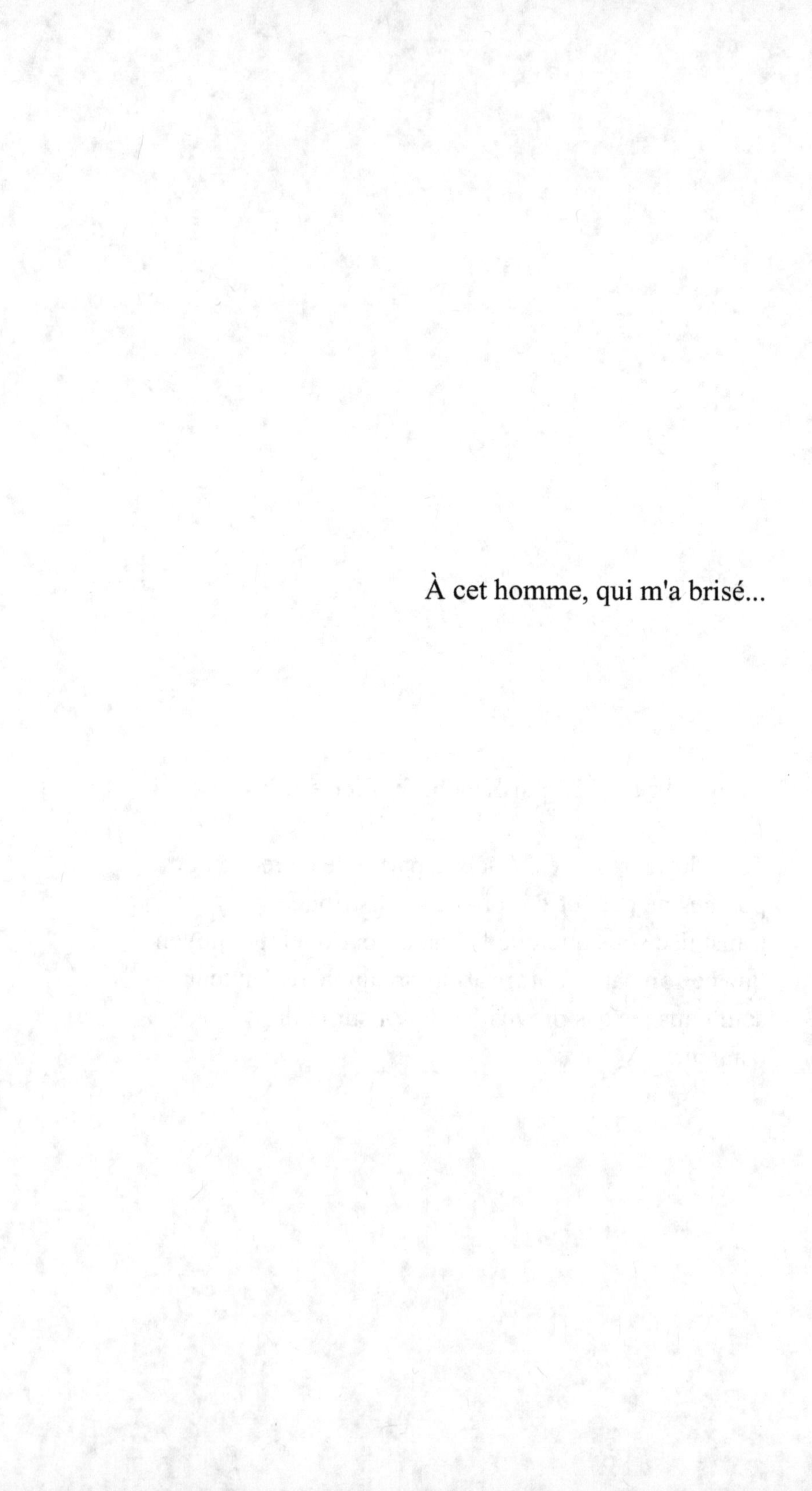

À cet homme, qui m'a brisé...

AMOUR

Je vous parle d'un Homme

Je vous parle d'un homme à la couleur foncée,
Sa peau ébène, éclat de nuit étoilée.
Barbe aiguisée, tel un mystère sculpté,
Charme énigmatique qui m'entraîne, enchantée.

Son regard profond, une mer à explorer,
Me fait tressaillir, passion à générer.
Ses yeux, reflets d'étoiles dans l'obscurité,
Éveillent en moi des vagues d'intensité.

Un homme qui se tient dans l'ombre discrète,
Couleur foncée, énigme qui s'apprête.
Son amour intense, une destinée révélée,
Tracée dans l'étoffe de nos vies entrelacées.

Il comble mon cœur d'un bonheur subtil,
Un rêve éveillé, une émotion volatile.
Cet homme trouvé, éternel doux exil,
Guide mes songes, étoile qui m'émerveille.

Étreinte Nocturne, Baisers d'une Éternité Sans Lassitude

Sous le manteau nocturne, en étreinte infinie,
Embrassons-nous la nuit, écho d'une symphonie.
Les étoiles, témoins silencieux de notre émoi,
Scintillent en cadence, applaudissant notre foi.

Les lèvres entrelacées, douce mélodie,
Nuit éternelle, où notre amour fleurit.
Chaque baiser, une étoile dans le ciel profond,
Brillant d'une passion qui ne connaît point de front.

Dans l'obscurité complice, nos cœurs se lient,
Embrassons-nous la nuit, où l'amour s'épanouit.
Les heures défilent, mais notre tendresse persiste,
Un poème d'éternité, où chaque baiser résiste

Nuit Étoilée, Mon Trésor, Rêve à Nous

Sous le doux manteau de la nuit étoilée,
Mon amour, bonne nuit, une berceuse murmurée.
Que les étoiles veillent sur tes rêves légers,
Où notre amour danse en douce harmonie.

Que la lune dépose sur ton sommeil calme,
Les éclats de notre tendresse, un doux baume.
Que chaque étoile porte un baiser de ma part,
Pour illuminer tes rêves, là où notre histoire
démarre.

Endormi dans l'ombre douce de la nuit,
Que chaque souffle soit un murmure de plaisir.
Imprègne tes rêves du parfum de notre amour,
Bonne nuit, mon tendre, jusqu'à notre prochain jour.

Les Promesses Silencieuses d'un Cœur Soumis

Mon cœur t'appartient, doux serment du destin,
Un écho d'amour, un lien indéfini.
Dans le jardin des émotions, une rose éclose,
Les pétales de l'affection, ton amour les dépose.

Au rythme des battements, une mélodie légère,
Mon cœur danse, captif de ta lumière.
Écrit dans les étoiles, notre histoire scintille,
Les constellations tissent un récit qui brille.

Les mots murmurés, douce symphonie,
Mon cœur t'appartient, éternelle mélodie.
Sous la lueur de la lune, complice silencieuse,
Les serments d'amour, étoiles lumineuses.

Chaque sourire, une étreinte dans l'air,
Mon cœur t'appartient, en un doux éclair.
Dans le livre du temps, nos pages s'entremêlent,
Un amour éternel, où chaque moment révèle.

Aime-moi autant que je t'aime

Dans l'éclat de l'aube ou sous l'ombre du soir,
Aime-moi autant que je t'aime, mon espoir.
Dans chaque battement, dans chaque souffle,
Mon cœur chante ton nom, jamais il n'est bref.

Dans les doux rêves de la nuit étoilée,
Je t'attends, mon amour, ma destinée.
Que les étoiles soient nos témoins muets,
De l'amour infini qui ne peut faiblir jamais.

Aime-moi autant que je t'aime, je t'en prie,
Dans la lumière du jour, dans l'obscurité aussi.
Là où les roses rougissent et les oiseaux chantent,
Là où nos âmes se rejoignent et nos cœurs
s'enchantent.

Aime-moi autant que je t'aime, mon cher,
Dans chaque instant, chaque sourire sincère.
Et dans ce doux poème, je te donne mon cœur,
Aime-moi, mon amour, avec la même ferveur.

Dis-moi que tu m'aimes

Dans le murmure du vent et le doux frémissement
des feuilles,
Dis-moi que tu m'aimes, que mon cœur s'émerveille.
Dans le silence de la nuit et l'éclat des étoiles,
Dis-moi que tu m'aimes, que rien ne nous voile.

Dans les larmes de joie et les rires partagés,
Dis-moi que tu m'aimes, que rien ne soit gâché.
Dans les instants de doute et les peurs enfouies,
Dis-moi que tu m'aimes, que tout soit dit.

Dans chaque regard échangé, chaque geste tendre,
Dis-moi que tu m'aimes, que notre amour puisse
fendre.
Les barrières du temps, de l'espace, de la douleur,
Dis-moi que tu m'aimes, que rien ne soit vainqueur.

Dans le battement de nos cœurs, en harmonie,
Dis-moi que tu m'aimes, que notre amour fleurit.
Et dans chaque matin qui se lève, chaque nuit qui
s'achève,
Dis-moi que tu m'aimes, que notre amour perdure et
s'élève.

ABANDON

L'Appel des Pétales, Pardon dans la Nuit

Dans la nuit silencieuse, une larme éperdue,
Mon premier amour s'est éloigné, perdu.
Les étoiles témoins de ma peine nocturne,
Je pleure l'absence, une blessure taciturne.

Son départ, un songe brisé, une douleur cruelle,
Je désire ardemment qu'il revienne près de moi,
fidèle.
Chaque nuit, un chagrin, un appel silencieux,
Dans l'espoir qu'il entende ce cri douloureux.

Les ombres dansent, mais mon cœur demeure,
Avec lui, il bat, une mélodie en pleurs.
Je pardonne les ombres du passé, prête à l'accueillir,
Mon amour, reviens, laisse l'aube refleurir.

Dans le jardin de nos souvenirs évanouis,
Les pétales de pardon attendent, doux et impérieux.
Que le vent de la rédemption guide son retour,
Un poème d'amour, une danse des sentiments,
chaque jour.

Éclats d'une Scène Finale, Adieu en Doucement

Dans l'ombre des regards, une distance s'installe,
Les mots, autrefois doux, aujourd'hui s'éparpillent.
Mon cœur, témoin silencieux de ton éloignement,
Cherche un poème pour dire adieu en doucement.

Les messages non écrits, des pages en suspens,
Un amour qui s'efface, un déclin évident.
Je me tiens seule sur la scène de notre histoire,
Les rideaux tombent, c'est la fin de notre soir.

Les éclats du silence, une mélodie triste,
Les adieux murmurent dans l'ombre, liste à liste.
Mon amour, au revoir dans ce calme hivernal,
Les flocons emportent nos rêves, fatal.

C'est le dernier acte, la fin d'un doux rêve,
Les larmes s'effacent dans le flot qui s'achève.
Dans ce poème d'adieu, je trouve ma voix,
Laissant derrière nous un écho qui se noie.

Écho Solitaire de l'Amour Non Partagé

Dans l'ombre des émotions, un doux tourment,
J'aime un homme, mais son cœur reste distant.
Les roses de l'affection épanouissent en vain,
Sur le sol de l'amour, un chagrin clandestin.

Les échos de mon amour résonnent en silence,
Dans le jardin de l'âme, une douce résilience.
Son regard, étoile lointaine, brille sans me voir,
Je tisse des vers, éphémères cris de désespoir.

Les saisons changent, mais mon amour persiste,
Comme une mélodie triste dans une nuit triste.
Les rêves s'envolent, porteurs de mon chagrin,
J'aime un homme qui ne m'aime pas, destin.

Pourtant, je garde l'éclat d'une étoile filante,
Espérant qu'un jour, notre destin se chante.
Dans l'ombre de cet amour, une lumière reste,
J'aime un homme qui ne m'aime pas, mais l'espoir
atteste.

Sérénade des souvenirs

Dans l'ombre du passé, douce mélancolie,
Les souvenirs dansent, une symphonie.
Des jours révolus, des moments figés,
Le passé murmure, ses secrets partagés.

Les ombres s'étirent, comme des feuillets,
Cherchant à toucher le présent, réveillant les regrets.
Les traces du temps, empreintes dans le sol,
Chuchotent des histoires, des rêves envolés.

Les silhouettes passées, des échos silencieux,
Un ballet d'ombres, dans l'antre des vieux lieux.
Mais au sein de la pénombre, une lueur persiste,
L'ombre du passé, une muse qui subsiste.

Car dans chaque obscurité, une leçon cachée,
Des leçons de vie, dans la mémoire nichée.
L'ombre du passé, guide éclairée,
Vers un avenir où l'espoir est semé.

Chanson d'une Rose Fanée dans l'Étreinte du Désir

Dans l'étreinte du désir, une rose se languit,
Chanson fanée, dans le jardin où tout fuit.
Les pétales jadis écarlates, ardents feux,
Sont maintenant souvenirs, doux et douloureux.

Sous la lueur pâle de lune en désarroi,
La rose murmure un passé, éternel émoi.
Les étreintes du désir, jadis enflammées,
Sont devenues échos, souvenirs en fumée.

Les caresses du vent portent des refrains,
De cette rose fanée, chanson aux lendemains.
Les étreintes du passé, une danse solitaire,
Sur la partition de l'amour, une note amère.

Les pétales, témoins silencieux du déclin,
Chantent une balade où le désir s'éteint.
Dans l'étreinte du temps, la rose repose,
Chanson fanée d'un amour en prose.

COLÈRE

Écho d'un Adieu Léger, Dans la Brise du Non-Regret

Dans l'ombre des adieux, un pas décidé,
Va-t'en, murmure le vent, liberté désirée.
Les étoiles applaudissent, sans regret en silence,
Laissant derrière nous l'ombre de notre alliance.

Les souvenirs pâlissent, emportés par le vent,
Le passé s'éloigne, laissant place au néant.
Les regrets ne s'accrochent pas, libres et légers,
Dans ce poème de non-regret, je tourne la page.

Les rivières de larmes, séchées par le temps,
Sur le rivage du passé, flotte un adieu clément.
Va-t'en, sans poids sur mes épaules délivrées,
La symphonie du non-regret, en moi résonne en
paix.

Éphémère Illusion

Dans la quiétude de mon être, j'étais libre, en
harmonie avec moi-même,
Puis tu es venu, portant l'éclat de l'amour dans ton
sillage.
Aveugle et avide d'affection, je me suis abandonnée
à cette illusion,
J'y ai cru, jusqu'à ce que tu deviennes le bourreau de
mon cœur.

Tu as déferlé sur moi tel un ouragan, ravageant tout
sur ton passage,
Dévastant mon âme, brisant mes rêves, réduisant ma
paix en cendres.
Puis, comme un étranger dans la nuit, tu es reparti,
sans un regard en arrière,
Laissant derrière toi un champ de ruines, mon cœur
en lambeaux.

Pourquoi ai-je succombé à tes charmes trompeurs, à
tes promesses creuses ?
Pourquoi mon cœur continue-t-il de t'aimer, malgré
les blessures que tu lui infliges ?
Les réponses se perdent dans l'obscurité de mes
pensées tourmentées,
Et je reste là, seule, à me demander si un jour je
pourrai guérir de cette illusion éphémère

Chant d'une Âme Brisée, Entre Haine et Amour

Sous le ciel étoilé de peine et de tourment,
Un homme a brisé le cœur, cruel châtiment.
Larmes nocturnes, pluie silencieuse,
Je pleure l'amour perdu, douleur douloureuse.

Dans l'ombre des regrets, un duel intérieur,
Haine et amour, un mélange perturbateur.
Détester celui que le cœur réclame,
Dans cette dualité, se tisse une trame.

Les échos de la nuit portent mon chagrin,
Un amour déchu, un triste chemin.
Je déteste ses actes, mais l'amour persiste,
Un conflit d'émotions, sombre et triste.

Que faire dans ce labyrinthe déroutant ?
Laisser le cœur guider ou choisir le néant ?
Entre haine et amour, une âme désemparée,
Cherchant la lumière dans la nuit égarée.

RENAISSANCE

Éclat Nouveau

Dans les cendres de l'abandon, la colère s'éteint,
Émerge alors une renaissance, un nouveau chemin.
Tel un phénix, je m'élève, résolue et épanouie,
Prête à embrasser la vie, dans sa splendeur infinie.

Sous le ciel constellé, je trouve ma voie,
Guidée par la lumière des étoiles, je renais en joie.
Dans chaque scintillement, une promesse s'anime,
Je suis l'éclat nouveau, dans ce monde que j'anime.

Aube Nouvelle

Dans l'aube nouvelle, après la nuit brisée,
Je me tiens debout, malgré les peines passées.
Dans les ombres de l'oubli, j'ai trouvé ma clarté,
Et sur le chemin de ma destinée, je m'élance, libérée.

Les éclats du passé, jadis si douloureux,
Se dissipent lentement, emportés par les cieux.
Je récolte les leçons, dans les cendres de mes
erreurs,
Pour bâtir un avenir fort, sans peur ni douleurs.

Dans chaque rayon doré de l'aube naissante,
Je vois une nouvelle chance, une renaissance
éclatante.
Mes ailes déployées, je m'envole vers demain,
Prête à embrasser la vie, avec un cœur serein.

Les souvenirs sombres, je les laisse derrière moi,
Et je me tourne vers l'horizon, plein d'espoir et de
foi.
Sur le chemin de ma destinée, je marche avec
détermination,
Car dans cette aube nouvelle, je trouve ma
rédemption.

Rebirth

Dans les profondeurs de mes tourments, j'ai vogué,
Les larmes ont été mon guide, mon phare, mon roc.
Chaque goutte versée a tracé le chemin,
Pour une renaissance, où je reprends enfin.

Dans l'obscurité des nuits sans fin,
J'ai puisé ma force, mon destin.
Mes douleurs sont devenues ma muse, ma voix,
Écrivant un nouveau chapitre, malgré les émois.

Les tempêtes intérieures, les combats acharnés,
Ont façonné l'être que je suis devenu, forgé.
Je me suis relevé, tel un phénix des cendres,
Prêt à embrasser la vie, sans plus attendre.

Rebirth, le cri de mon âme en renaissance,
Dans chaque vers, chaque mot, chaque cadence.
Je marche sur le chemin de la rédemption,
Porté par la force de ma propre création.

Les larmes, autrefois symboles de douleur,
Sont devenues l'ancre de ma résilience, ma valeur.
Dans ce nouveau chapitre, je trace mon destin,
Rebirth, le renouveau de ma vie, de mes lendemains.

Renaissance Solitaire

Dans l'ombre de la nuit, solitaire et perdue,
Je me suis éveillée, dans une renaissance émue.
Les étoiles témoins, de mon chemin solitaire,
Ont guidé mes pas, dans cette nuit éphémère.

Les larmes versées, dans la solitude profonde,
Ont nourri mon courage, ma force féconde.
Dans cette renaissance solitaire, je trouve ma voie,
Par-delà les ombres, vers une lumière de joie.

Les épreuves endurées, ont sculpté mon être,
Dans chaque douleur, une leçon à reconnaître.
Je trace mon destin, dans cette solitude choisie,
Car c'est là que je trouve la paix, infinie.

Renaissance solitaire, sous le ciel étoilé,
Je m'épanouis, dans un univers dévoilé.
Libre de tout fardeau, de toute attache terrestre,
Je danse avec les étoiles, dans une renaissance
céleste.

Je m'aime

Dans le miroir de l'âme, j'ai longtemps regardé,
À travers tes yeux, je me suis trop souvent trouvée.
J'ai donné mon amour sans jamais me demander,
Si moi-même, je méritais d'être aimée.

J'ai sacrifié mon bonheur pour le tien,
Sans réaliser que le mien était le plus lointain.
Mais maintenant, mes yeux sont ouverts, je vois
clair,
Je m'aime enfin, et je veux mon propre éclat
retrouver.

Je m'aime, avec mes défauts et mes imperfections,
Je m'aime, sans besoin d'approbation.
Je vais chérir mon être, prendre soin de moi,
Car c'est à travers cet amour que je trouve ma joie.

Plus de compromis, plus de sacrifices vains,
Je m'aime, et je m'engage sur mon propre chemin.
Je vais cultiver mon bonheur, le faire fleurir,
Car je suis ma priorité, c'est moi qui vais m'épanouir.

Au-Delà des Larmes, Renaissance du Cœur

Dans l'ombre d'un passé amer, je me tiens forte,
Un cœur jadis brisé, mais aujourd'hui, il escorte.
Tant de souffrance, d'ignorance dans ton sillage,
Je laisse derrière moi cette sombre page.

Les rivières de larmes ont forgé ma résilience,
Les échos du mépris, une douloureuse expérience.
Je n'ouvre plus mon cœur à ton retour tardif,
Les blessures cicatrisent, je trace un autre récit.

Je me souviens des nuits où j'étais ton étoile,
Éclairant ta vie, malgré le mépris qui dévale.
Mais aujourd'hui, mes ailes se déploient,
Vers de nouveaux horizons, où l'amour foisonne.

Je rappelle chaque dédain, chaque mot blessant,
Les cicatrices rappellent l'amour décevant.
Je suis passée à autre chose, une nouvelle aurore,
Le poème de ma vie, désormais sans remords.

En mémoire de mon cher père,

Je rends hommage à Jacquelin Pierre Jules, qui a illuminé nos vies de son amour et de sa sagesse. Son départ laisse un vide immense, mais son héritage d'amour et de souvenirs précieux continuera à nous accompagner. Mon père était mon guide, mon mentor et mon ami. Sa bienveillance et sa force ont été sources de réconfort et d'inspiration. Ce petit mémo exprime ma gratitude éternelle pour tout ce qu'il a fait pour moi et pour notre famille. Son amour continuera à vivre en nous, guidant nos pas chaque jour.

Repose en paix, cher père.

Je te pleure Pa !

Dans l'ombre de la nuit, ton absence me hante,
Ton départ soudain, une étoile qui se fane.
Je te pleure, Pa, dans le silence des souvenirs,
Tes rires, tes conseils, tout semble s'évanouir.

Ta voix résonne encore dans les corridors du temps,
Mais ton visage s'efface lentement, doucement.
Je cherche ton regard, dans les étoiles là-haut,
Espérant trouver un peu de réconfort en ces flots.
Ta présence aimante, ton cœur généreux,
Ont marqué ma vie, un lien précieux.

Dans chaque battement de mon cœur, tu vis,
Ton amour infini, éternel, ici-bas.
Je te pleure, Pa, avec chaque larme versée,
Dans chaque souffle, chaque pensée embrasée.
Mais je sais, au-delà des ombres et du vent,
Ton amour veille toujours, tel un doux présent.
Dans le jardin des souvenirs, je te retrouve,
Dans chaque fleur qui s'épanouit, dans chaque
épreuve.
Tu restes gravé en moi, à jamais.

www.ingramcontent.com/pod-product-compliance
Lightning Source LLC
Chambersburg PA
CBHW051929250726

48659CB00002B/916